Índice

Parte I
Poemas amorosos y devotos

Tenías un rebozo de seda
A Eduardo J. Correa

Tenías un rebozo en que lo blanco
iba sobre lo gris con gentileza
para hacer a los ojos que te amaban
un festejo de nieve en la maleza.

Del rebozo en la seda me anegaba
con fe, como en un golfo intenso y puro,
a oler abiertas rosas del presente
y herméticos botones del futuro.

(En abono de mi sinceridad
séame permitido un alegato:
entonces era yo seminarista
sin Baudelaire, sin rima y sin olfato).

¿Guardas, flor del terruño, aquel rebozo
de maleza y de nieve,
en cuya seda me adormí, aspirando
la quintaesencia de tu espalda leve?

Mi prima Águeda

A Jesús Villalpando

Mi madrina invitaba a mi prima Águeda
a que pasara el día con nosotros,
y mi prima llegaba
con un contradictorio
prestigio de almidón y de temible
luto ceremonioso.

Águeda aparecía, resonante
de almidón, y sus ojos
verdes y sus mejillas rubicundas
me protegían contra el pavoroso
luto...
Yo era rapaz
y conocía la o por lo redondo,
y Águeda que tejía
mansa y perseverante en el sonoro
corredor, me causaba
calosfríos ignotos...
(Creo que hasta la debo la costumbre
heroicamente insana de hablar solo).

A la hora de comer, en la penumbra
quieta del refectorio,
me iba embelesando un quebradizo
sonar intermitente de vajilla
y el timbre caricioso
de la voz de mi prima.

Águeda era
(luto, pupilas verdes y mejillas
rubicundas) un cesto policromo
de manzana y uvas
en el ébano de un armario añoso.

En las tinieblas húmedas...

En las alas obscuras de la racha cortante
me das, al mismo tiempo una pena y un goce:
algo como la helada virtud de un seno blando,
algo en que se confunden el cordial refrigerio
y el glacial desamparo de un lecho de doncella.

He aquí que en la impensada tiniebla de la muda
ciudad, eres un lampo ante las fauces lóbregas
de mi apetito; he aquí que en la húmeda tiniebla
de la lluvia, trasciendes a candor como un lino
recién lavado, y hueles, como él, a cosa casta;
he aquí que entre las sombras regando estás la esencia
del pañolín de lágrimas de alguna buena novia.

Me embozo en la tupida obscuridad, y pienso
para ti estos renglones, cuya rima recóndita
has de advertir en una pronta adivinación
porque son como pétalos nocturnos, que te llevan
un mensaje de un singular calosfrío;
y en las tinieblas húmedas me recojo, y te mando
estas sílabas frágiles en tropel, como ráfaga
de misterio, al umbral de tu espíritu en vela.

Toda tú te deshaces sobre mí como una
escarcha, y el translúcido meteoro prolóngase
fuera del tiempo; y suenan tus palabras remotas
dentro de mí, con esa intensidad quimérica
de un reloj descompuesto que da horas y horas
en una cámara destartalada...

Ofrenda romántica

Fuensanta: las finezas del Amado,
las finezas más finas,
han de ser para ti menguada cosa,
porque el honor a ti, resulta honrado.

La corona de espinas, llevándola por ti,
es suave rosa que perfuma la frente del Amado.

El madero pesado
en que me crucifico por tu amor,
no pesa más, Fuensanta,
que el arbusto en que canta
tu amigo el ruiseñor
y que con una mano
arranca fácilmente el leñador.

Por ti el estar enfermo es estar sano;
nada son para ti todos los cuentos
que en la remota infancia
divierten al mortal;
porque hueles mejor que la fragancia
de encantados jardines soñolientos,
y porque eres más diáfana, bien mío,
que el diáfano palacio de Cristal.

Pero con ser así tu poderío,
permite que te ofrezca el pobre don
del viejo parque de mi corazón.

Está en diciembre, pero con tu cántico
tendrá las rosas de un abril romántico.

Bella Fuensanta,
tú ya bien sabes el secreto: ¡canta!

Para tus pies

Hoy te contemplo en el piano, señora mía, Fuensanta,
las manos sobre las teclas, en los pedales la planta,
y ambiciona santamente la dicha de los pedales
mi corazón, por estar bajo tus pies ideales.

Porque yo sé de tu planta ser de todas la más pura,
tu planta sabe las rutas sangrientas de la Pasión,
que por ir tras Jesucristo por calles de la Amargura
dejó el sendero de lirios de Belkis y Salomón.

Y así te imploro, Fuensanta, que en mi corazón camines
para que tus pies aromen la pecaminosa entraña,
cuyos senderos polvosos y desolados jardines
te han de devolver en rosas la más estéril cizaña.

En las tertulias de noches de prolongada vigilia,
en el piano me pareces moderna Santa Cecilia
que cual solícita novia, con sus harmónicos pies,
con la magia de los ojos y el milagro del sonido,
venciendo horas y distancia me lleva siempre a través
de los valles lacrimosos, al Paraíso Perdido.

Para tus dedos ágiles y finos

Doy a los cuatro vientos los loores
de tus dedos de clásica finura
que preparan el pan sin levadura
para el banquete de nuestros amores.

Saben de las domésticas labores,
lucen en el mantel su compostura
y apartan, de la verde, la madura
producción de los meses fructidores.

Para gloria de Dios, en homenaje
a tu excelencia, mi soneto adorna
de tus manos preclaras el linaje,

y el soneto dichoso, en las esbeltas
falanges de tus índices se torna
una sortija de catorce vueltas.

Me estás vedada tú...

¿Imaginas acaso la amargura
que hay en no convivir
los episodios de tu vida pura?

Me está vedado conseguir que el viento
y la llovizna sean comedidos
con tu pelo castaño.

Me está vedado oír en los latidos
de tu paciente corazón (sagrario
de dolor y clemencia),
la fórmula escondida
de mi propia existencia.

Me está vedado, cuando te fatigas
y se fatiga hasta tu mismo traje,
tomarte en brazos, como quien levanta
a su propia ilusión incorruptible
hecha fantasma que renuncia al viaje.

Despertarás una mañana gris
y verás, en la luna de tu armario,
desdibujarse un puño
esquelético, y ante el funerario
aviso, gritarás las cinco letras
de mi nombre, con voz pávida y floja,
¡y yo me hallaré ausente
de tu final congoja!

¿Imaginas acaso
mi amargura impotente?
Me estás vedada tú... Soy un fracaso
de confesor y médico que siente
perder a la mejor de sus enfermas
y a su más efusiva penitente.

Sus ventanas

A Artemio de Valle Arizpe

Sus ventanas floridas,
que miran al oriente,
llevan buena amistad con las auroras
que, con primicias fúlgidas, esmaltan
el campo de victorias de su frente.

Aquella, madrugada
apareció el Amor tras de su reja
y la dejó lavada
con él cristal cerúleo de su pozo...
¡Y todavía, adentro
de mi alma, hay un gozo
fluido, de mujer madrugadora
que riega su ventana y la decora!

Ventanas que rondé
en la alborada de mis mocedades;
rejas con caracoles
en que Ella gusta de escuchar el sordo
fragor de las marinas tempestades;
rejas depositarias
de aquellos soliloquios de noctívago
y de mi donjuanismo adolescente;
que yo os miré de nuevo,
¡oh ventanas abiertas al oriente!

A Sara

A J. de J. Núñez y Domínguez

A mi paso y al azar te desprendiste
como el fruto más profano
que pudiera concederme la benévola
actitud de este verano.

(Blonda Sara, uva en sazón: mi apego franco
a tu persona, hoy me incita
a burlarme de mi ayer, por la inaudita
buena fe con que creí mi sospechosa
vocación, la de un levita).

Sara, Sara: eres flexible cual la honda
de David, y contundente
como el lírico guijarro del mancebo;
y das, paralelamente,
una tortura de hielo y una combustión de pira;
y si en vértigo de abismo tu pelo se desmadeja,
todavía, con brazo heroico
y en caída acelerada, sostienes a tu pareja.

Sara, Sara, golosina de horas muelles;
racimo copioso y magno de promisión, que fatigas
el dorso de dos hebreos:
siempre te sean amigas
la llamarada del sol y del clavel; si tu brava

arquitectura se rompe como un hilo inconsistente,
que bajo la tierra lóbrega
esté incólume tu frente;
y que refulja tu blonda melena, como tesoro
escondida; y que se guarden indemnes como real sello
tus brazos y la columna
de tu cuello.

Tus hombros son como una ara*...

¿Qué elocuencia, desvalida
y casta, hay en tu persona
que en un perenne desastre
a las lágrimas convida?

La frente, Amor, hoy levanto
hasta tu busto en otoño
que es un vaso de suspiros
y una invitación al llanto.

Tus hombros son como una ara
en que la rosa contrita
de un pésame sin sollozos
húmeda se deshojara.

Cuando conmigo estás sola
¿qué lágrimas ideales
te dan un súbito manto
con una súbita aureola?

---

* Altar.

Te vas entrando al umbrío
corazón, y en él imperas
en una corte luctuosa
con doliente señorío.

Tus hombros son buenos para
un llanto copioso y mudo...
Amor, suave Amor, Amor,
tus hombros son como una ara.

Y pensar que pudimos...

Y pensar que extraviamos
la senda milagrosa
en que se hubiera abierto
nuestra ilusión, como perenne rosa...

Y pensar que pudimos,
enlazar nuestras manos
y apurar en un beso
la comunión de fértiles veranos...

Y pensar que pudimos,
en una onda secreta
de embriaguez, deslizarnos,
valsando un vals sin fin, por el planeta...

Y pensar que pudimos,
al rendir la jornada,
desde la sosegada
sombra de tu portal y en una suave
conjunción de existencias,
ver las cintilaciones del zodiaco
sobre la sombra de nuestras conciencias...

Hoy como nunca...
A Enrique González Martínez

Hoy, como nunca, me enamoras y me entristeces;
si queda en mí una lágrima, yo la excito a que lave
nuestras dos lobregueces.

Hoy, como nunca, urge que tu paz me presida;
pero ya tu garganta sólo es una sufrida
blancura, que se asfixia bajo toses y toses,
y toda tú una epístola de rasgos moribundos
colmada de dramáticos adioses.

Hoy, como nunca, es venerable tu esencia
y quebradizo el vaso de tu cuerpo,
y sólo puedes darme la exquisita dolencia
de un reloj de agonías, cuyo tic-tac nos marca
el minuto de hielo en que los pies que amamos
han de pisar el hielo de la fúnebre barca.

Yo estoy en la ribera y te miro embarcarte:
huyes por el río sordo, y en mi alma destilas
el clima de esas tardes de ventisca y de polvo
en las que doblan solas las esquilas.

Mi espíritu es un paño de ánimas, un paño
de ánimas de iglesia siempre menesterosa;
es un paño de ánimas goteado de cera,
hollado y roto por la grey astrosa.

No soy más que una nave de parroquia en penuria,
nave en que se celebran eternos funerales,
porque una lluvia terca no permite
sacar el ataúd a las calles rurales.

Fuera de mí, la lluvia; dentro de mí, el clamor
cavernoso y creciente de un salmista;
mi conciencia, mojada por el hisopo, es un
ciprés que en una huerta conventual se contrista.

Ya mi lluvia es diluvio, y no miraré el rayo
del sol sobre mi arca, porque ha de quedar roto
mi corazón la noche cuadragésima;
no guardan mis pupilas ni un matiz remoto
de la lumbre solar que tostó mis espigas;
mi vida sólo es una prolongación de exequias
bajo las cataratas enemigas.

Transmútase mi alma...

Transmútase mi alma en tu presencia
como un florecimiento
que se vuelve cosecha.

Los amados espectros de mi rito
para siempre me dejan;
mi alma se desazona
como pobre chicuela
a quien prohíben en el mes de mayo
que vaya a ofrecer flores en la iglesia.

Mas contemplo en tu rostro
la redecilla de medrosas venas,
como una azul sospecha
de pasión, y camino en tu presencia
como en campo de trigo en que latiese
una misantropía de violetas.

Mis lirios van muriendo, y me dan pena;
pero tu mano pródiga acumula
sobre mí sus bondades veraniegas,
y te respiro como a un ambiente
frutal; como en la fiesta

del Corpus, respiraba hasta embriagarme
la fruta del mercado de mi tierra.

Yo desdoblé mi facultad de amor
en liviana aspereza
y suave suspirar de monaguillo;
pero tú me revelas
el apetito indivisible, y cruzas
con tu antorcha inefable
incendiando mi pingüe sementera.

Tu palabra más fútil...

Magdalena, conozco que te amo
en que la más trivial de tus acciones
es pasto para mí, como la miga
es la felicidad de los gorriones.

Tu palabra más fútil
es combustible de mi fantasía
y pasa por mi espíritu feudal
como un rayo de sol por una umbría.

Una mañana (en que la misma prosa
del vivir se tornaba melodiosa)
te daban un periódico en el tren
y rehusaste, diciendo con voz cálida:
«¿Para qué me das esto?». Y estas cinco
breves palabras de tu boca pálida
fueron como un joyel que todo el día
en mi capilla estuvo manifiesto;
y en la noche, sonaba tu pregunta:
«¿Para qué me das esto?».
Y la tarde fugaz que en el teatro
repasaban tus dedos, Magdalena,
la dorada melena
de un chiquillo... Y el prócer ademán

con que diste limosna a aquel anciano...
Y tus dientes que van
en sonrisa ondulante, cual resúmenes
del sol, encandilando la insegura
pupila de los viejos y los párvulos...
Tus dientes, en que están la travesura
y el relámpago de un pueril espejo
que aprisiona del sol una saeta
y clava el rayo férvido en los ojos
del infante embobado
que en su cuna vegeta...
También yo, Magdalena, me deslumbro
en tu sonrisa férvida; y mis horas
van a tu zaga, hambrientas y canoras,
como va tras el ama, por la holgura
de un patio regional, el cortesano
séquito de palomas que codicia
la gota de agua azul y el rubio grano.

La mancha de púrpura

Me impongo la costosa penitencia
de no mirarte en días y días, porque mis ojos
cuando por fin te miren, se aneguen en tu esencia
como si naufragasen en un golfo de púrpura,
de melodía y de vehemencia.

Pasa el lunes, y el martes, y el miércoles... Yo sufro
tu eclipse, oh creatura solar; mas en mi duelo
el afán de mirarte, se dilata
como una profecía; se descorre cual velo
paulatino; se acendra como miel; se aquilata
como la entraña de las piedras finas;
y se aguza como el llavín
de la celda de amor de un monasterio en ruinas.

Tú no sabes la dicha refinada
que hay en huirte, que hay en el furtivo gozo
de adorarte furtivamente, de cortejarte
más allá de la sombra, de bajarse el embozo
una vez por semana, y exponer las pupilas,
en un minuto fraudulento,
a la mancha de púrpura de tu deslumbramiento.

En el bosque de amor, soy cazador furtivo;
te acecho entre dormidos y tupidos follajes;
como se acecha una ave fúlgida; y de estos viajes
por la espesura, traigo a mi aislamiento
el más fúlgido de los plumajes:
el plumaje de púrpura de tu deslumbramiento.

Día 13

Mi corazón retrógrado
ama desde hoy la temerosa fecha
en que surgiste con aquel vestido
de luto y aquel rostro de ebriedad.

Día 13 en que el filo de tu rostro
llevaba la embriaguez como un relámpago
y en que tus lúgubres arreos daban
una luz que cegaba al sol de agosto,
así como se nubla el sol ficticio
en las decoraciones
de los Calvarios de los Viernes Santos.

Por enlutada y ebria simulaste,
en la superstición de aquel domingo,
una fúlgida cuenta de abalorio
humedecida en un licor letárgico.

¿En qué embriaguez bogaban tus pupilas
para que así pudiesen
narcotizarlo todo?
Tu tiniebla
guiaba mis latidos, cual guiaba
la columna de fuego al israelita.

Adivinaba mi acucioso espíritu
tus blancas y fulmíneas paradojas:
el centelleo de tus zapatillas,
la llamarada de tu falda lúgubre,
el látigo incisivo de tus cejas
y el negro luminar de tus cabellos.

Desde la fecha de superstición
en que colmaste el vaso de mi júbilo,
mi corazón oscurantista clama
a la buena bondad del mal agüero;
que si mi sal se riega, irán sus granos
trazando en el mantel tus iniciales;
y si estalla mi espejo en un gemido,
fenecerá diminutivamente
como la desinencia de tu nombre.

Superstición, consérvame el radioso
vértigo del minuto perdurable
en que su traje negro devoraba
la luz desprevenida del cenit,
y en que su falda lúgubre era un bólido
por un cielo de hollín sobrecogido...

No me condenes...

Yo tuve, en tierra adentro, una novia muy pobre:
ojos inusitados de sulfato de cobre.
Llamábase María; vivía en un suburbio,
y no hubo entre nosotros ni sombra de disturbio.
Acabamos de golpe: su domicilio estaba
contiguo a la Estación de los ferrocarriles,
y, ¿qué noviazgo puede ser duradero entre
campanadas centrífugas y silbatos febriles?

El reloj de su sala desgajaba las ocho;
era diciembre; y yo departía con ella
bajo la limpidez glacial de cada estrella.
El gendarme, remiso a mi intriga inocente,
hubo de ser, al fin, forzoso, confidente.

María se mostraba incrédula y tristona:
yo no tenía traza de una buena persona.
¿Olvidarás acaso, corazón forastero,
el acierto nativo de aquella señorita
que oía y desoía tu pregón embustero?

Su desconfiar ingénito era ratificado
por los perros noctívagos, en cuya algarabía
reforzábase el duro presagio de María.

¡Perdón, María! Novia triste, no me condenes:
cuando oscile el quinqué y se abatan las ocho,
cuando el sillón te mezca, cuando ululen los trenes,
cuando trabes los dedos por detrás de tu nuca,
no me juzgues más pérfido que uno de los silbatos
que turban tu faena y tus recatos.

Mi corazón se amerita...

A Rafael López

Mi corazón, leal, se amerita en la sombra.
Yo lo sacara al día, como lengua de fuego
que se saca de un ínfimo purgatorio a la luz;
y al oírlo batir su cárcel, yo me anego
y me hundo en la ternura remordida de un padre
que siente, entre sus brazos, latir un lujo ciego.

Mi corazón, leal, se amerita en la sombra.
Placer, amor, dolor... todo le es ultraje
y estimula su cruel carrera logarítmica,
sus ávidas marcas y su eterno oleaje.

Mi corazón, leal, se amerita en la sombra.
Es la mitra y la válvula... Yo me lo arrancaría
para llevarlo en triunfo a conocer el día,
la estola de violetas en los hombros del Alba,
el cíngulo morado de los atardeceres,
los astros, y el perímetro jovial de las mujeres.

Mi corazón, leal, se amerita en la sombra.
Desde una cumbre enhiesta yo lo he de lanzar
como sangriento disco a la hoguera solar.
Así extirparé el cáncer de mi fatiga dura,

seré impasible por el este y el oeste,
asistiré con una sonrisa depravada
a las ineptitudes de la inepta cultura,
y habrá en mi corazón la llama que le preste
el incendio sinfónico de la esfera celeste.

Tus dientes

Tus dientes son el pulcro y nimio litoral
por donde acompasadas navegan las sonrisas,
graduándose en los tumbos de un parco festival.

Sonríes gradualmente, como sonríe el agua
del mar, en la rizada fila de la marea,
y totalmente, como la tentativa de un
Fiat Lux para la noche del mortal que te vea.
Tus dientes son así la más cara presea.

Cuídalos con esmero, porque en ese cuidado
hay una trascendencia igual a la de un Papa
que retoca su encíclica y pule su cayado.

Cuida tus dientes, cónclave de granizos, cortejo
de espumas, sempiterna bonanza de una mina,
senado de cumplidas minucias astronómicas,
y maná con que sacia su hambre y su retina
la docena de Tribus que en tu voz se fascina.

Tus dientes lograrían, en una rebelión,
servir de proyectiles zodiacales al déspota
y hacer de los discordes gritos, un orfeón;

del motín y la ira, inofensivos juegos,
y de los sublevados, una turba de ciegos.

Bajo las sigilosas arcadas de tu encía,
como en mi acueducto infinitesimal,
pudiera dignamente el más digno mortal
apacentar sus crespas ansias... hasta que truene
la trompeta del Ángel en el Juicio Final.

Porque la tierra traga todo, pulcro amuleto
y tus dientes de ídolo han de quedarse mondos
en la mueca erizada del hostil esqueleto,
yo los recojo aquí, por su dibujo neto
y su numen patricio, para el pasmo y la gloria
de la humanidad giratoria.

La estrofa que danza

A Antonia Mercé

Ya brotas de la escena cual guarismo
tornasol, y desfloras el mutismo
con los toques undívagos de tu planta certera
que fiera se amanera al marcar hechicera
los multánimes giros de una sola quimera.

Ya tus ojos entraron al combate
como dos uvas de un goloso uvate;
bajo tus castañuelas se rinden los destinos,
y se cuelgan de ti los sueños masculinos,
cual de la cuerda endeble de una lira, los trinos.

Ya te adula la orquesta con servil
dejo libidinoso de reptil,
y danzando lacónica, tu reojo me plagia,
y pisas mi entusiasmo con una cruel magia
como estrofa danzante que pisa una hemorragia.

Ya vuelas como un rito por los planos
limítrofes de todos los arcanos;
las almas que tu arrullo va limpiando de escoria
quisieran renunciar su futuro su historia,
por dormirse en la tersa amnistía de tu gloria.

Guarismo, cuerda, y ejemplar figura;
tu rítmica y eurítmica cintura
nos roba a todos nuestra flama pura;
y tus talones tránsfugas, que se salen del mundo
por la tangente dócil de un celaje profundo,
se llevan mis holgorios al azul pudibundo.

La doncella verde

En la muerte de José Enrique Rodó.
En la quieta impostura virginal de la noche
que cobija al amor con un tenue derroche
de luceros, padrinos del erótico abrazo,
el mundo de Rubén Darío se contrista
por el cordial filósofo que sembró en el regazo
de América esperanzas, por el espectro artista
que hoy arroba al Zodiaco con su arenga optimista.

Yo alabo al confesor de la Santa Esperanza
y a la doncella verde en la misma alabanza.
Esperanza, doncella verde, tu vestidura
es el matiz de una corteza prematura.

Esperanza, en el arco iris, tu cabellera
ameniza los cielos como una enredadera.
Esperanza, los astros en que titila el verde
son el feudo en que moras y en que tu luz se pierde.
Los ojos vegetales con que miras y salvas
parodian a la felpa rústica de las malvas.
En la luz teologal de tus dos ojos claros
se surten las luciérnagas, las joyas y los faros.
Rayan la oscuridad del más oscuro mes

las puntas de esmeralda de tus ínclitos pies.
Y tapizas el antro submarino, y la harmónica
cita de los cipreses, y la paleta agónica.

¡Oh doncella, que guardas los suspiros más graves
del hombre, como guarda un llavero, sus llaves:
un relámpago anuncia que el instante se acerca
en que tiñas de ti las aguas de mi alberca,
y a tu paso, fosfórica e inviolable mujer,
mi corazón se abre, pronto a reverdecer!

Y bajo la impostura virginal de la noche
que cobija al amor con un tenue derroche
de luceros, un mito saludable me afianza
y alabo al confesor de la santa Esperanza
y a la doncella verde en la misma alabanza.

El mendigo

Soy el mendigo cósmico y mi inopia es la suma
de todos los voraces ayunos pordioseros;
mi alma y mi carne trémulas imploran a la espuma
del mar y al simulacro azul de los luceros.

El cuervo legendario que nutre al cenobita
vuela por mi Tebaida sin dejarme su pan,
otro cuervo transporta una flor inaudita,
otro lleva en el pico a la mujer de Adán,
y sin verme siquiera, los tres cuervos se van.

Prosigue descubriendo mi pupila famélica
más panes y más lindas mujeres y más rosas
en el bando de cuervos que en la jornada célica
sus picos atavía con las cargas preciosas,
y encima de mi sacro apetito no baja
sino un pétalo, un rizo prófugo, una migaja.

Saboreo mi brizna heteróclita, y siente
mi sed la cristalina nostalgia de la fuente,
y la pródiga vida se derrama en el falso
festín y en el suplicio de mi hambre creciente,
como una cornucopia se vuelca en un cadalso.

Fábula dística
A Tórtola Valencia

No merecías las loas vulgares
que te han escrito los peninsulares.

Acreedora de prosas cual doblones
y del patricio verso de Lugones.

En el morado foro episcopal
eres el Árbol del bien y del mal.

Piensan las señoritas al mirarte:
con virtud no se va a ninguna parte.

Monseñor, encargado de la Mitra,
apostató con la Danza de Anitra.

Foscos mílites revolucionarios
truecan espada por escapularios.

Aletargándose en la melodía
de tu imperecedera teogonía.

Tu filarmónico Danubio baña
el colgante jardín de la patraña.

La estolidez enreda sus hablillas
cabe tus pitagóricas rodillas.

En el horror voluble del incienso
se momifica tu rostro suspenso.

Mas de la momia empieza a trascender
sanguinolento aviso de mujer.

Y vives la única vida segura:
la de Eva montada en la razón pura.

Tu rotación de ménade aniquila
la zurda ciencia, que cabe en tu axila.

En la honda noche del enigma ingrato
se enciende, como un iris, tu boato.

Te riegas cálida, como los vinos,
sobre los extraviados peregrinos.

La pobre carne, frente a ti, se alza
como brincó de los dedos divinos:
religiosa, frenética y descalza.

Hormigas

A la cálida vida que transcurre canora
con garbo de mujer sin letras ni antifaces,
a la invicta belleza que salva y que enamora,
responde, en la embriaguez de la encantada hora,
un encono de hormigas en mis venas voraces.

Fustigan el desmán del perenne hormigue
el pozo del silencio y el enjambre del ruido,
la harina rebanada como doble trofeo
en los fértiles bustos, el Infierno en que creo,
el estertor final y el preludio del nido.

Mas luego mis hormigas me negarán su abrazo
y han de huir de mis pobres y trabajados dedos
cual se olvida en la arena un gélido bagazo;
y tu boca, que es cifra de eróticos denuedos,
tu boca, que es mi rúbrica, mi manjar y mi adorno,
tu boca, en que la lengua vibra asomada al mundo
como réproba llama saliéndose de un horno,
en una turbia fecha de cierzo gemebundo
en que ronde la luna porque robarte quiera,
ha de oler a sudario y a hierba machacada,
a droga y a responso, a pábilo y a cera.

Antes de que deserten mis hormigas, Amada,
déjalas caminar camino de tu boca
a que apuren los viáticos del sanguinario fruto
que desde sarracenos oasis me provoca.

Antes de que tus labios mueran, para mi luto,
dámelos en el crítico umbral del cementerio
como perfume y pan y tósigo y cauterio.

Ánima adoratriz

Mi virtud de sentir se acoge a la divisa
del barómetro lúbrico, que en su enagua violeta
los volubles matices de los climas sujeta
con una probidad instantánea y precisa.

Mi única virtud es sentirme desollado
en el templo y la calle, en la alcoba y el prado.

Orean mi bautismo, en alma y carne vivas,
las ráfagas eternas entre las fugitivas.

Todo me pide sangre: la mujer y la estrella,
la congoja del trueno, la vejez con su báculo,
el grifo que vomita su hidráulica querella,
y la lámpara, parpadeo del tabernáculo.

Todo lo que a mis ojos es limpio y es agudo
bebe de mis idolátricas arterias el saludo.

Mi ángel guardián y mi demonio estrafalario,
desgranando granadas fieles, siguen mi pista
en las vicisitudes de la bermeja lista
que marca, en tierra firme y en mar, mi itinerario.

Como aquel que fue herido en la noche agorera
y denunció su paso goteando la acera,
yo puedo desandar mi camino rubí,
hasta el minuto y hasta la casa en que nací
místicamente armado contra la laica era.

Dejo, sin testamento, su gota a cada clavo
teñido con la savia de mi ritual madera;
no recojo mi sangre, ni siquiera la lavo.

Espiritual al prójimo, mi corazón se inmola
para hacer un empréstito sin usuras aciagas
a la clorosis virgen y azul de los Gonzagas
y a la cárdena quiebra del Marqués de Priola.

¿En qué comulgatorio secreto hay que llorar?
¿Qué brújula se imanta de mi sino? ¿Qué par
de trenzas destronadas se me ofrecen por hijas?
¿Qué lecho esquimal pide tibieza en su tramonto?
Ánima adoratriz: a la hora que elijas
para ensalzar tus fieles granadas, estoy pronto.

Mas será con el cálculo de una amena medida:
que se acaben a un tiempo el arrobo y la vida
y que del vino fausto no quedando en la mesa
ni la hez de una hez, se derrumbe en la huesa
el burlesco legado de una estéril pavesa.

Te honro en el espanto...

Ya que tu voz, como un muelle vapor, me baña,
y mis ojos, tributos a la eterna guadaña,
por ti osan mirar de frente el ataúd;
ya que tu abrigo rojo me otorga una delicia
que es mitad friolenta, mitad cardenalicia,
antes que en la veleta llore el póstumo alud;
ya que por ti ha lanzado a la Muerte su reto
la cerviz animosa del ardido esqueleto
predestinado al hierro del fúnebre dogal;
te honro en el espanto de una perdida alcoba
de nigromante, en que tu yerta faz se arroba
sobre una tibia, como sobre un cabezal;
y porque eres, Amada, la armoniosa elegida
de mi sangre, sintiendo que la convulsa vida
es un puente de abismo en que vamos tú y yo,
mis besos te recorren en devotas hileras
encima de un sacrílego manto de calaveras,
como sobre una erótica ficha de dominó.

El son del corazón

Una música íntima no cesa,
porque transida en un abrazo de oro
la Caridad con el Amor se besa.

¿Oyes el diapasón del corazón?
Oye en su nota múltiple el estrépito
de los que fueron y de los que son.

Mis hermanos de todas las centurias
reconocen en mí su pausa igual,
sus mismas quejas y sus propias furias.

Soy la fronda parlante en que se mece
el pecho germinal del bardo druida
con la selva por diosa y por querida.

Soy la alberca lumínica en que nada,
como perla debajo de una lente,
debajo de las linfas, Scherezada.

Y soy el suspirante cristianismo
al hojear las bienaventuranzas
de la virgen que fue mi catecismo.

Y la nueva delicia, que acomoda
sus hipnotismos de color de tango
al figurín y al precio de la moda.

La redondez de la Creación atrueno
cortejando a las hembras y a las cosas
con el clamor pagano y nazareno.

¡Oh Psiquis, oh mi alma: suena a son
moderno, a son de sclva, a son de orgía
y a son mariana, el son del corazón!

El sueño de los guantes negros

Soñé que la ciudad estaba dentro
del más bien muerto de los mares muertos.
Era una madrugada del Invierno
y lloviznaban gotas de silencio.

No más señal viviente, que los ecos
de una llamada a misa, en el misterio
de una capilla oceánica, a lo lejos.

De súbito me sales al encuentro,
resucitada y con tus guantes negros.

Para volar a ti, le dio su vuelo
el Espíritu Santo a mi esqueleto.

Al sujetarme con tus guantes negros
me atrajiste al océano de tu seno,
y nuestras cuatro manos se reunieron
en medio de tu pecho y de mi pecho,
como si fueran los cuatro cimientos
de la fábrica de los universos.

¿Conservabas tu carne en cada hueso?
El enigma de amor se veló entero
en la prudencia de tus guantes negros...

¡Oh, prisionera del valle de México!
Mi carne [...]** de tu ser perfecto
quedarán ya tus huesos en mis huesos;
y el traje, el traje aquel, con que tu cuerpo
fue sepultado en el valle de México;
y el figurín aquel, de pardo género
que compraste en un viaje de recreo...

Pero en la madrugada de mi sueño,
nuestras manos, en un circuito eterno
la vida apocalíptica vivieron.

Un fuerte [...] conto en un sueño,
libre como cometa, y en su vuelo
la ceniza y [...] del cementerio
gusté cual rosa...

** Hasta la fecha no se han logrado descifrar las partes faltantes en el manuscrito de
este poema publicado de forma póstuma.

Parte II
Poemas del terruño y la patria

Viaje al terruño
A Enrique Fernández Ledesma

Invitación
De tu magnífico traje
recogeré la basquiña
cuando te llegues, oh niña,
al estribo del carruaje.

Esperando para el viaje
la tarde tiene desmayos
y de sus últimos rayos
la luz mortecina ondea
en la lujosa librea
de los corteses lacayos.

No temas: por los senderos
polvosos y desolados,
te velarán mis cuidados,
galantes palafreneros.

Y cuando con mil luceros
en opulento derroche
se venga encima la noche,
obsequiará tus oídos
con sus monótonos ruidos
la serenata del coche.

En camino

Al fin te ve mi fortuna
ir, a mi abrigo amoroso,
al buen terruño oloroso
en que se meció tu cuna.

Los fulgores de la luna,
desteñidos oropeles,
se cuajan en tus broqueles,
y van, por la senda larga,
orgullosos de su carga
los incansables corceles.

De la noche en el arcano
llega al éxtasis la mente
si beso devotamente
los pétalos de tu mano.

En la blancura del llano
una fantasía rara
las lagunas comparara
azuladas y tranquilas
con tus azules pupilas
en la nieve de tu cara.

La aurora su lumbre viva
manda al cárdeno celaje
y al empolvado carruaje
un rayo de luz furtiva.

Surge la ciudad nativa:
en sus lindes, un bohío
parece ver que del río
el cristal rompen las ruedas,

y entre mudas alamedas
se recata el caserío.

Como níveo relicario
que ocultan los naranjales,
del coche por los cristales
¿no distingues el Santuario?

Del esbelto campanario
salen y rayan los cielos
las palomas con sus vuelos,
cual si las torres, mi vida,
te dieran la bienvenida
agitando sus pañuelos.

Llegada
Por las tapias la verdura
del jazmín, cuelga a la calle,
y respira todo el valle
melancólica ternura.

Aromarán la frescura
de tus carrillos sedeños
los jardines lugareños
y en las azules mañanas
llegarán a tus ventanas,
en enjambre, los ensueños.

Escucharás, amor mío,
girando en eterna danza,
la interminable romanza
de las hojas... Y en el frío
mes de diciembre sombrío,
en el patriarcal sosiego

del hogar, mi dulce ruego
ha de loar tu belleza
cabe la muda tristeza
del caserón solariego.

Esparcirán sus olores
las pudibundas violetas
y habrá sobre tus macetas
las mismas humildes flores:
la misma charla de amores
que su diálogo desgrana
en la discreta ventana,
y siempre llamando a misa
el bronce, loco de risa,
de la traviesa campana.

A tus plácidos hogares
irán las venturas viejas
como vienen las abejas
a buscar los colmenares.

Y mi cariño en tus lares
verás cómo se acurruca
libre de pompa caduca,
al estrecharte mi abrazo
en el materno regazo
de la amorosa tierruca.

La bizarra capital de mi estado...
A Jesús B. González

He de encomiar en verso sincerista
la capital bizarra
de mi estado, que es un
cielo cruel y una tierra colorada.

Una frialdad unánime
en el ambiente, y unas recatadas
señoritas con rostro de manzana,
ilustraciones prófugas
de las cajas de pasas.

Católicos de Pedro el Ermitaño
y jacobinos de época terciaria.
(Y se odian los unos a los otros
con buena fe.)

Una típica montaña
que, fingiendo un corcel que se encabrita,
al dorso lleva una capilla, alzada
al Patrocinio de la Virgen.

Altas
y bajas del terreno, que son siempre
un broma pesada.

Y una catedral, y una campana
mayor que cuando suena, simultánea
con el primer clarín del primer gallo,
en las avemarías, me da lástima
que no la escuche el papa.
Porque la cristiandad entonces clama
cual si fuese su queja más urgida
la vibración metálica,
y al concurrir ese clamor concéntrico
del bronce, en el ánima del ánima,
se siente que las aguas
del bautismo nos corren por los huesos
y otra vez nos penetran y nos lavan.

Del pueblo natal

Ingenuas provincianas: cuando mi vida se halle
desahuciada por todos, iré por los caminos
por donde vais cantando los más sonoros trinos
y en fraternal confianza ceñiré vuestro talle.

A la hora del Ángelus, cuando vais por la calle,
enredados al busto los chales blanquecinos,
decora vuestros rostros –¡oh rostros peregrinos!–
la luz de los mejores crepúsculos del valle.

De pecho en los balcones de vetusta madera,
platicáis en las tardes tibias de primavera
que Rosa tiene novio, que Virginia se casa;

y oyendo los poetas vuestros discursos sanos,
para siempre se curan de males ciudadanos
y en la aldea la vida buenamente se pasa.

En la Plaza de Armas
Plaza de Armas, Plaza de musicales nidos,
frente a frente del rudo y enano soportal;
plaza en que se confunden un obstinado aroma
lírico y una cierta prosa municipal;
plaza frente a la cárcel lóbrega y frente al lúcido

hogar en que nacieron y murieron los míos;
he aquí que te interroga un discípulo, fiel
a tus fuentes cantantes y tus prados umbríos.
¿Qué se hizo, Plaza de Armas, el coro de chiquillas
que conmigo llegaban en la tarde de asueto
del sábado, a tu kiosko, y que eran actrices
de muñeca excesiva y de exiguo alfabeto?

¿Qué fue de aquellas dulces colegas que rieron
para mí, desde un marco de verdor y de rosas?
¿Qué de las camaradas de los juegos impúberes?
¿Son vírgenes intactas o madres dolor osas?
Es verdad, sé el destino casto de aquella pobre
pálida, cuyo rostro, como una indulgencia
plenaria, miré ayer tras un vidrio lloroso;
me ha inundado en recuerdos pueriles la presencia
de Ana, que al tutearme decía el «tú» de antaño
como una obra maestra, y que hoy me habló con
ceremonia forzada; he visto a Catalina,
exangüe, al exhibir su maternal fortuna
cuando en un cochecillo de blondas y de raso
lleva el fruto cruel y suave de su idilio
por los enarenados senderos...
Mas no sé de todas las demás que viven en exilio.
Y por todas inquiero. He de saber de todas
las pequeñas torcaces que me dieron el gusto
de la voz de mujer. ¡Torcaces que cantaban
para mí, en la mañana de un día claro y justo!

Dime, Plaza de nidos musicales, de las
actrices que impacientes por salir a la escena
del mundo, chuscamente fingían gozosos líos
de noviazgos y negros episodios de pena.

Dime, Plaza de Armas, de las párvulas lindas
y bobas, que vertieron con su mano inconsciente
un perfume amistoso en el umbral del alma
y una gota del filtro del amor en mi frente.

Mas la Plaza está muda, y su silencio trágico
se va agravando en mí con el mismo dolor
del bisoño escolar que sale a vacaciones
pensando en la benévola acogida de Abel,
y halla muerto, en la sala, al hermano menor.

El viejo pozo

El viejo pozo de mi vieja casa
sobre cuyo brocal mi infancia tantas veces
se clavaba de codos, buscando el vaticinio
de la tortuga, o bien el iris de los peces,
es un compendio de ilusión
y de históricas pequeñeces.

Ni tortuga, ni pez: sólo el venero
que mantiene su estrofa concéntrica en el agua
y que dio fe del ósculo primero
que por 1850 unió las bocas
de mi abuelo y mi abuela... ¡Recurso lisonjero
con que los generosos hados
dejan caer un galardón fragante
encima de los desposados!
Besarse, en un remedo bíblico, junto al pozo,
y que la boca amada trascienda a fresco gozo
de manantial, y que el amor se profundice,
en la pareja que lo siente,
como el hondo venero providente...

En la pupila líquida del pozo
espejábanse, en años remotos, los claveles
de una maceta; más la arquitectura

ágil de las cabezas de dos o tres corceles,
prófugos del corral; más la rama encorvada
de un durazno; y en época de mayor lejanía,
también se retrataban en el pozo
aquellas adorables señoras en que ardía
la devoción católica y la brasa de Eros;
suaves antepasadas, cuyo pecho lucía
descotado, y que iban, con tiesura y remilgo,
a entrecerrar los ojos a un palco a la zarzuela,
con peinados de torre y con vertiginosas
peinetas de carey. Del teatro a la Vela
Perpetua, ya muy lisas y muy arrebujadas
en la negrura de sus mantos.
Evoco, todo trémulo, a estas antepasadas
porque heredé de ellas el afán temerario
de mezclar tierra y cielo, afán que me ha metido
en tan graves aprietos en el confesonario.

En una mala noche de saqueo y de política
que los beligerantes tuvieron como norma
equivocar la fe con la rapiña, al grito
de «¡Religión y Fueros!» y «¡Viva la Reforma!»,
una de mis geniales tías
que tenía sus ideas prácticas sobre aquellas
intempestivas griterías,
y que en aquella lucha no siguió otro partido
que el de cuidar los cortos ahorros de mi abuelo,
tomó cuatro talegas y con un decidido
brazo, las arrojó en el pozo, perturbando
la expectación de la hora ingrata
con un estrépito de plata.

Hoy cuentan que mi tía se aparece a las once
y que cumpliendo su destino
de tesorera fiel, arroja sus talegas
con un ahogado estrépito argentino.

Las paredes del pozo, con un tapiz de lama
y con un centelleo de gotas cristalinas,
eran como el camino de esperanza en que todos
hemos llorado un poco... Y aquellas peregrinas
veladas de mayo y de junio
mostráronme del pozo el secreto de amor:
preguntaba el durazno: «¿Quién es Ella?»,
y el pozo, que todo lo copiaba, respondía
no copiando más que una sola estrella.

El pozo me quería senilmente; aquel pozo
abundaba en lecciones de fortaleza, de alta
discreción, y de plenitud...
pero hoy, que su enseñanza de otros tiempos me falta,
comprendo que fui apenas un alumno vulgar
con aquel taciturno catedrático,
porque en mi diario empeño no he podido lograr
hacerme abismo y que la estrella amada,
al asomarse a mí, pierda pisada.

Para el zenzontle impávido...

He vuelto a media noche a mi casa, y un canto
como vena de agua que solloza, me acoge...
Es el músico célibe, es el solista dócil
y experto, es el zenzontle que mece los cansancios
seniles y la incauta ilusión con que sueñan
las damitas... No cabe duda que el prisionero
sabe cantar. Su lengua es como aquellas otras
que el candor de los clásicos llamó lenguas harpadas.
No serían los clásicos minuciosos psicólogos,
pero atinaban con el mundo elemental
y daban a las cosas sus nombres... Sigo oyendo
la musical tarea del zenzontle, y lo admiro
por impávido y fuerte, porque no se amilana
en el caos de las lóbregas vigilias, y no teme
despertar a los monstruos de la noche. Su pico
repasa el cuerpo de la noche, como el de una
amante; el valeroso pico de este zenzontle
va recorriendo el cuerpo de la noche: las cejas,
la nuca, y el bozo. Súbitamente, irrumpe
arpegio animoso que reta en su guarida
a todas las hostiles reservas de la amante...
¿Hay acaso otro solo poeta que, como éste,
desafíe a las incógnitas potestades, y hiera
con su venablo lírico el silencio despótico?

Respondamos nosotros, los necios y cobardes
que en la noche tememos aventurar la mano
afuera de las sábanas...

El zenzontle me lleva
hasta los corredores del patio solariego
en que había canarios, con el buche teñido
con un verde inicial de lechuga, y las alas
como onzas acabadas de troquelar. También
había por aquellos corredores, las roncas
palomas que se visten de canela y se ajustan
los collares de luto... Corredores propicios
en que José Manuel y Berta platicaban
y en que la misma Berta, con un gentil descoco,
me dijo alguna vez: «Si estos corredores
como tumbas, hablaran ¡qué cosas no dirían!».

Mas en estos momentos el zenzontle repite
un silbo montaraz, como un pastor llamando
a una pastora; y caigo en la lúgubre cuenta
de que el zenzontle vive castamente, y su limpia
virtud no ha de obtener un premio en Josafat.
Es seguro que al pobre cantor, que da su música
a la erótica letra de las lunas de miel,
lo aprisionaron virgen en su monte; y me apena
que ignore que la dicha de amar es un galope
del corazón sin brida, por el desfiladero
de la muerte. Deploro su castidad reclusa
y hasta le cedería uno de mis placeres.

Mas ya el sueño me vence... El zenzontle prolonga
su confesión melódica frente a las potestades
enemigas, y corto aquí mi panegírico
para el zenzontle impávido, virgen y confesor.

Memorias del circo

A Carlos González Peña

Los circos trashumantes,
de lamido perrillo enciclopédico
y desacreditados elefantes,
me enseñaron la cómica friolera
y las magnas tragedias hilarantes.

El aeronauta previo,
colgado de los dedos de los pies,
era un bravo cosmógrafo al revés
que, si subía hasta asomarse al Polo
Norte, o al Polo Sur, también tenía
cuestiones personales con Eolo.

Irrumpía el payaso
como una estridencia
ambigua, y era a un tiempo
manicomio, niñez, golpe contuso,
pesadilla y licencia.

Amábanlo los niños
porque salía de una bodega mágica
de azúcares. Su faz sólo era trágica
por dos lágrimas sendas de carmín.
Su polvosa apariencia toleraba

tenerlo por muy limpio o por muy sucio,
y un cónico bonete era la gloria
y procaz de su occipucio.

El payaso tocaba a la amazona
y la hallaba de almendra,
a juzgar por la mímica fehaciente
de toda su persona,
cuando llevaba el dedo temerario
hasta la lengua cínica y glotona.
Un día en que el payaso dio a probar
su rastro de amazona al ejemplar
señor Gobernador de aquel Estado,
comprendí lo que es
Poder Ejecutivo aturrullado.

¡Oh remoto payaso: en el umbral
de mi infancia derecha
y de mis virtudes recién nacidas
yo no puedo tener una sospecha
de amazonas y almendras prohibidas!

Estas almendras raudas
hechas de terciopelos y de trinos
que no nos dejan ni tocar sus caudas...

Los adioses baldíos
a las augustas Evas redivivas
que niegan la migaja, pero inculcan
en nuestra sangre briosa una patética
mendicidad de almendras fugitivas...

Había una menuda cuadrumana
de enagüilla de céfiro

que, cabalgando por el redondel
con azoros de humana,
vencía los obstáculos de inquina
y los aviesos aros de papel.

Y cuando a la erudita
cavilación de Darwin
se le montaba la enagüilla obscena,
la avisada monita
se quedaba serena,
como ante un espejismo,
despreocupada lastimosamente
de su desmantelado transformismo.

La niña Bell cantaba:
«Soy la paloma errante»;
y de botellas y de cascabeles
surtía un abundante
surtidor de sonidos
acuáticos, para la sed acuática
de papás aburridos,
nodriza inverecunda
y prole gemebunda.

¡Oh, memoria del circo! Tú te vas
adelgazando en el frecuente síncope
del latón sin compás;
en la apesadumbrada
somnolencia del gas;
en el talento necio
del domador aquél que molestaba
a los leones hartos, y en el viudo
oscilar del trapecio...

Tierra mojada...

Tierra mojada de las tardes líquidas
en que la lluvia cuchichea
y en que se reblandecen las señoritas, bajo
el redoble del agua en la azotea...

Tierra mojada de las tardes olfativas
en que un afán misántropo remonta las lascivas
soledades del éter, y en ellas se desposa
con la ulterior paloma de Noé;
mientras se obstina el tableteo
del rayo, por la nube cenagosa...

Tarde mojada, de hálitos labriegos,
en la cual reconozco estar hecho de barro,
porque en sus llantos veraniegos,
bajo el auspicio de la media luz,
el alma se licúa sobre los clavos
de su cruz...

Tardes en que el teléfono pregunta
por consabidas náyades arteras,
que salen del baño al amor
a volcar en el lecho las fatuas cabelleras
y a balbucir, con alevosía y con ventaja,

húmedos y anhelantes monosílabos,
según que la llovizna acosa las vidrieras...

Tardes como una alcoba submarina
con su lecho y su tina;
tardes en que envejece una doncella
ante el brasero exhausto de su casa,
esperando a un galán que le lleve una brasa;
tardes en que descienden
los ángeles, a arar surcos derechos
en edificantes barbechos;
tardes de rogativa y de cirio pascual;
tardes en que el chubasco
me induce a enardecer a cada una
de las doncellas frígidas con la brasa oportuna;
tardes en que, oxidada
la voluntad, me siento
acólito del alcanfor,
un poco pez espada
y un poco San Isidro Labrador...

El retorno maléfico

A don Ignacio I. Gastélum

Mejor será no regresar al pueblo,
al edén subvertido que se calla
en la mutilación de la metralla.

Hasta los fresnos mancos,
los dignatarios de cúpula oronda,
han de rodar las quejas de la torre
acribillada en los vientos de fronda.

Y la fusilería grabó en la cal
de todas las paredes
de la aldea espectral,
negros y aciagos mapas,
porque en ellos leyese el hijo pródigo
al volver a su umbral
en un anochecer de maleficio,
a la luz de petróleo de una mecha,
su esperanza desecha.

Cuando la tosca llave enmohecida
tuerza la chirriante cerradura,
en la añeja clausura
del zaguán, los dos púdicos

medallones de yeso,
entornando los párpados narcóticos,
se mirarán y se dirán: «¿Qué es eso?».

Y yo entraré con pies advenedizos
hasta el patio agorero
en que hay un brocal ensimismado,
con un cubo de cuero
goteando su gota categórica
como un estribillo plañidero.

Si el sol inexorable, alegre y tónico,
hace hervir a las fuentes catecúmenas
en que bañábase mi sueño crónico;
si se afana la hormiga;
si en los techos resuena y se fatiga
de los buches de tórtola el reclamo
que entre las telarañas zuma y zumba;
mi sed de amar será como una argolla
empotrada en la losa de una tumba.

Las golondrinas nuevas, renovando
con sus noveles picos alfareros
los nidos tempraneros;
bajo el ópalo insigne
de los atardeceres monacales,
el lloro de recientes recentales
por la ubérrima ubre prohibida
de la vaca, rumiante y faraónica,
que al párvulo intimida;
campanario de timbre novedoso;
remozados altares;
el amor amoroso
de las parejas pares;

noviazgos de muchachas
frescas y humildes, como humildes coles,
y que la mano dan por el postigo
a la luz de dramáticos faroles;
alguna señorita
que canta en algún piano
alguna vieja aria;
el gendarme que pita...
...Y una íntima tristeza reaccionaria.

Humildemente...

A mi madre y a mis hermanas

Cuando me sobrevenga
el cansancio del fin,
me iré, como la grulla
del refrán, a mi pueblo,
a arrodillarme entre
las rosas de la plaza,
los aros de los niños
y los flecos de seda de los tápalos.

A arrodillarme en medio
de una banqueta herbosa,
cuando sacramentando
al reloj de la torre,
de redondel de luto
y manecillas de oro,
al hombre y a la bestia,
al azar que embriaga
y a los rayos del sol,
aparece en su estufa el Divinísimo.

Abrazado a la luz
de la tarde que borda,
como al hilo de una
apostólica araña,

he de decir mi prez
humillada y humilde,
más que las herraduras
de las mansas acémilas
que conducen al Santo Sacramento.

«Te conozco, Señor,
aunque viajas de incógnito,
y a tu paso de aromas
me quedo sordomudo,
paralítico y ciego,
por gozar tu balsámica presencia.

»Tu carroza sonora
apaga repentina
el breve movimiento,
cual si fuesen las calles
una juguetería
que se quedó sin cuerda.

»Mi prima, con la aguja
en alto, tras sus vidrios,
está inmóvil con un gesto de estatua.

»El cartero aldeano
que trae nuevas del mundo,
se ha hincado en su valija.

»El húmedo corpiño
de Genoveva, puesto
a secar, ya no baila
arriba del tejado.

»La gallina y sus pollos
pintados de granizo
interrumpen su fábula.

»La frente de don Blas
petrificose junto
a la hinchada baldosa
que agrietan las raíces de los fresnos.

»Las naranjas cesaron
de crecer, y yo apenas
si palpito a tus ojos
para poder vivir este minuto.
»Señor, mi temerario
corazón que buscaba
arrogantes quimeras,
se anonada y te grita
que yo soy tu juguete agradecido.

»Porque me acompasaste
en el pecho un imán
de figura de trébol
y apasionada tinta de amapola.

»Pero ese mismo imán
es humilde y oculto,
como el peine imantado
con que las señoritas

levantan alfileres
y electrizan su pelo en la penumbra.

»Señor, este juguete
de corazón de imán,
te ama y te confiesa
con el íntimo ardor
de la raíz que empuja
y agrieta las baldosas seculares.

»Todo está de rodillas
y en el polvo las frentes;
mi vida es la amapola
pasional, y su tallo
doblégase efusivo
para morir debajo de tus ruedas».

Mi villa

Si yo jamás hubiera salido de mi villa,
con una santa esposa tendría el refrigerio
de conocer el mundo por un solo hemisferio.

Tendría, entre corceles y aperos de labranza,
a Ella, como octava bienaventuranza.

Quizá tuviera dos hijos, y los tendría
sin un remordimiento ni una cobardía.

Quizá serían huérfanos, y cuidándolos yo,
el niño iría de luto, pero la niña no.

¿No me hubieras vivido, tú, que fuiste una aurora,
una granada roja de virginales gajos,
una devota de María Auxiliadora
y un misterio exquisito con los párpados bajos?

Hacia tu pie, hermosura y alimento del día,
recién nacidos, piando y piando de hambre
rodaran los pollitos, como esferas de estambre.

Quiero otra vez mis campos, mi villa y mi caballo
que en el sol y en la lluvia lanza a mitad del viaje
su relincho, penacho gozoso del paisaje.

Corazón que en fatigas de vivir vas a nado
y que estás florecido, como está la cadera
de Venus, y ceniciento cual la madera
en que grabó su puño de ánima el condenado:
tu tarde será simple, de ejemplar feligrés
absorto en el perfume de hogareños panqués
y que en la resolana se santigua a las tres.

Corazón: te reservo el mullido descanso
de la coqueta villa en que el señor mi abuelo
contaba las cosechas con su pluma de ganso.

La moza me dirá con su voz de alfeñique
marchándose al rosario, que le abrace la falda
ampulosa, al sonar el último repique.

Luego resbalaré por las frutales tapias
en recuerdo fanático de mis yertas prosapias.

Y si la villa, enfrente de la jocosa luna,
me recuerda la pérdida de aquel bien que me dio,
sólo podré jurarle que con otra fortuna,
el niño iría de luto, pero la niña no.

Suave Patria

Proemio
Yo que sólo canté de la exquisita
partitura del íntimo decoro,
alzo hoy la voz a la mitad del foro
a la manera del tenor que imita
la gutural modulación del bajo,
para cortar a la epopeya un gajo.

Navegaré por las ondas civiles
con remos que no pesan, porque van
como los brazos del correo chuán
que remaba la Mancha con fusiles.

Diré con una épica sordina:
la patria es impecable y diamantina.

Suave Patria: permite que te envuelva
en la más honda música de selva
con que me modelaste todo entero
al golpe cadencioso de las hachas,
entre gritos y risas de muchachas
y pájaros de oficio carpintero.

Primer acto
Patria: tu superficie es el maíz,
tus minas el palacio del Rey de Oros,
y tu cielo, las garzas en desliz
y el relámpago verde de los loros.

El Niño Dios te escrituró un establo
y los veneros de petróleo el diablo.

Sobre tu Capital, cada hora vuela
ojerosa y pintada, en carretela;
y en tu provincia, del reloj en vela
que rondan los palomos colipavos,
las campanadas caen como centavos.

Patria: tu mutilado territorio
se viste de percal y de abalorio.

Suave Patria: tu casa todavía
es tan grande, que el tren va por la vía
como aguinaldo de juguetería.

Y en el barullo de las estaciones,
con tu mirada de mestiza, pones
la inmensidad sobre los corazones.

¿Quién, en la noche que asusta a la rana,
no miró, antes de saber del vicio,
del brazo de su novia, la galana
pólvora de los juegos de artificio?

Suave Patria: en tu tórrido festín
luces policromías de delfín,

y con tu pelo rubio se desposa
el alma, equilibrista chuparrosa,
y a tus dos trenzas de tabaco, sabe
ofrendar aguamiel toda mi briosa
raza de bailadores de jarabe.

Tu barro suena a plata, y en tu puño,
su sonora miseria es alcancía;
y por las madrugadas del terruño,
en calles como espejos, se vacía
el santo olor de la panadería.

Cuando nacemos, nos regalas notas,
después, un paraíso de compotas,
y luego te regalas toda entera,
suave Patria, alacena y pajarera.

Al triste y al feliz dices que sí,
que en tu lengua de amor prueben de tí
la picadura del ajonjolí.

¡Y tu cielo nupcial, que cuando truena
de deleites frenéticos nos llena!

Trueno de nuestras nubes, que nos baña
de locura, enloquece a la montaña,
requiebra a la mujer, sana al lunático,
incorpora a los muertos, pide el Viático,
y al fin derrumba las madererías
de Dios, sobre las tierras labrantías.

Trueno del temporal: oigo en tus quejas
crujir los esqueletos en parejas;
oigo lo que se fue, lo que aún no toco,

y la hora actual con su vientre de coco.
Y oigo en el brinco de tu ida y venida,
¡oh trueno, la ruleta de mi vida!

Intermedio
Cuauhtémoc
Joven abuelo: escúchame loarte,
único héroe a la altura del arte.

Anacrónicamente, absurdamente,
a tu nopal inclínase el rosal;
al idioma del blanco, tú lo imantas
y es surtidor de católica fuente
que de responsos llena el victorial
zócalo de cenizas de tus plantas.

No como a César el rubor patricio
te cubre el rostro enmedio del suplicio:
tu cabeza desnuda se nos queda
hemisféricamente, de moneda.

Moneda espiritual en que se fragua
todo lo que sufriste: la piragua
prisionera, el azoro de tus crías,
el sollozar de tus mitologías,
la Malinche, los ídolos a nado,
y por encima, haberte desatado
del pecho curvo de la emperatriz
como del pecho de una codorniz.

Segundo acto
Suave Patria: tú vales por el río
de las virtudes de tu mujerío.
Tus hijas atraviesan como hadas,

o destilando un invisible alcohol,
vestidas con las redes de tu sol,
cruzan como botellas alambradas.

Suave Patria: te amo no cual mito,
sino por tu verdad de pan bendito,
como a niña que asoma por la reja
con la blusa corrida hasta la oreja
y la falda bajada hasta el huesito.

Inaccesible al deshonor, floreces;
creeré en ti, mientras una mexicana
en su tápalo lleve los dobleces
de la tienda, a las seis de la mañana,
y al estrenar su lujo, quede lleno
el país, del aroma del estreno.

Como la sota moza, Patria mía,
en piso de metal, vives al día,
de milagro, como la lotería.

Tu imagen, el Palacio Nacional,
con tu misma grandeza y con tu igual
estatura de niño y de dedal.

Te dará, frente al hambre y el obús,
un higo San Felipe de Jesús.

Suave Patria, vendedora de chía:
quiero raptarte en la cuaresma opaca,
sobre un garañón, y con matraca,
y entre los tiros de la policía.

Tus entrañas no niegan un asilo
para el ave que el párvulo sepulta
y nuestra juventud, llorando, oculta
dentro de ti, el cadáver hecho poma
de aves que hablan nuestro mismo idioma.

Si me ahogo en tus julios, a mí baja
desde el vergel de tu peinado denso,
frescura de rebozo y de tinaja:
y si tirito, dejas que me arrope
en tu respiración azul de incienso
y en tus carnosos labios de rompope.

Por tu balcón de palmas bendecidas
el Domingo de Ramos, yo desfilo
lleno de sombra, porque tú trepidas.

Quieren morir tu ánima y tu estilo,
cual muriéndose van las cantadoras
que en las ferias, con el bravío pecho
empitonando la camisa, han hecho
la lujuria y el ritmo de las horas.

Patria, te doy de tu dicha la clave:
sé siempre igual, fiel a tu espejo diario;
cincuenta veces es igual el Ave
taladrada en el hilo de rosario,
y es más feliz que tú, Patria suave.

Sé igual y fiel; pupilas de abandono;
sedienta voz, la trigarante faja
en tus pechugas al vapor; y un trono
a la intemperie, cual una sonaja:
la carreta alegórica de paja!

El gozo secreto, de Ramón López Velarde (selección y edición de Jesús Nieto), fue impreso en marzo de 2022, en Impreimagen, José María Morelos y Pavón, manzana 5, lote 1, Colonia Nicolás Bravo, CP 55296, Ecatepec, Estado de México.

Buque de letras